# MINISTÈRE DE LA JUSTICE

## (Administration pénitentiaire)

# DÉCRET

PORTANT

# RÈGLEMENT D'ADMINISTRATION PUBLIQUE

## SUR LE RÉGIME INTÉRIEUR

## ET L'ORGANISATION DU TRAVAIL

## DANS LES PRISONS

### AFFECTÉES A L'EMPRISONNEMENT INDIVIDUEL

MELUN

IMPRIMERIE ADMINISTRATIVE

1923

# DÉCRET

PORTANT

# RÈGLEMENT D'ADMINISTRATION PUBLIQUE

## SUR LE RÉGIME INTÉRIEUR

## ET L'ORGANISATION DU TRAVAIL

## DANS LES PRISONS

### AFFECTÉES A L'EMPRISONNEMENT INDIVIDUEL

# DÉCRET

PORTANT

# RÈGLEMENT D'ADMINISTRATION PUBLIQUE

## SUR LE RÉGIME INTÉRIEUR

## ET L'ORGANISATION DU TRAVAIL

## DANS LES PRISONS

### AFFECTÉES A L'EMPRISONNEMENT INDIVIDUEL

---

LE PRÉSIDENT DE LA RÉPUBLIQUE FRANÇAISE,

Sur le rapport du Garde des Sceaux, Ministre de la Justice,

Vu la loi du 5 juin 1875, et notamment l'article 5 ainsi conçu: Un règlement d'administration publique fixera les conditions d'organisation du travail et déterminera le régime intérieur des maisons consacrées à l'application de l'emprisonnement individuel;

Vu l'art. 89 de la loi de Finances du 13 juillet 1911;

Vu l'avis du Conseil supérieur des Prisons;

Le Conseil d'État entendu,

DÉCRÈTE :

## CHAPITRE PREMIER

### Attributions et obligations du personnel d'administration et de surveillance.

#### ARTICLE PREMIER

Les maisons d'arrêt, de justice et de correction sont réparties en circonscriptions pénitentiaires.

La composition du personnel d'administration et de surveillance est déterminée pour chaque établissement par le Ministre conformément aux dispositions des réglements fixant le recrutement, les attributions et le traitement des fonctionnaires employés et agents de l'Administration pénitentiaire.

*Personnel.*

#### ART. 2

Le Directeur de chaque circonscription administre, sous le contrôle du Préfet, les établissements composant sa Circonscription.

Il donne son avis ou présente des propositions sur les détails du égime et de l'administration des diverses prisons.

*Attributions et devoirs du Directeur de la Circonscription.*

Les projets de modifications d'aménagement des locaux lui sont soumis, et au cas où ces projets lui paraîtraient présenter des inconvénients au point de vue pénitentiaire, il adresse un rapport au Ministre.

Indépendamment des propositions qu'il peut faire, s'il y a lieu, au Préfet, en vue de travaux urgents, il lui présente chaque année, avant la deuxième session du Conseil général, un rapport succinct sur le fonctionnement des prisons et signale dans ce rapport les travaux d'entretien, de grosses réparations et d'amélioration à effectuer aux bâtiments, lorsque ces derniers sont la propriété du département.

### Art. 3

Le Directeur est responsable du fonctionnement des services des prisons de sa Circonscription. Tous les employés et agents lui sont subordonnés et lui doivent obéissance.

Il est spécialement chargé :

1° D'assurer l'exécution des lois, des règlements et instructions ministérielles ;

2° De préparer les budgets ainsi que les marchés, les cahiers des charges et les tarifs de prix de main-d'œuvre, de contrôler les opérations de dépenses et de recettes, d'en vérifier le règlement ainsi que la liquidation, de contrôler la comptabilité espèces et matières ;

3° De contrôler l'exécution des marchés de fournitures ;

4° De tenir la main à la stricte exécution du cahier des charges et proposer, s'il y a lieu, vis-à-vis de l'entrepreneur les sanctions prévues ;

5° De surveiller tout ce qui concerne les travaux industriels et prendre toutes les mesures nécessaires en vue de faire donner du travail aux détenus ;

6° De veiller à l'exacte observation des mesures d'ordre et de police intérieure.

### Art. 4

Deux fois par an, au moins, le Directeur doit se rendre dans chacune des prisons de sa Circonscription pour y vérifier le fonctionnement des divers services. A la suite de chaque tournée, il soumet au Préfet ses observations dans un rapport qui est ensuite transmis au Ministre.

La vérification du Directeur est constatée par un visa sur les différents registres d'écrou et autres. Ses instructions sont consignées sur le carnet d'ordres de service.

### Art. 5

Le Directeur est responsable de la tenue, au siège de la Circonscription, des registres suivants :

1° Un registre d'arrivée et de départ de la correspondance admi-. nistrative ;

2° Un registre matricule et par compte ouvert à chaque agent et conforme au modèle réglementaire ;

3° Un registre de récompenses et de punitions concernant chacun des fonctionnaires, employés ou surveillants de sa Circonscription ;

4° Un registre d'inventaire des objets mobiliers appartenant à l'État.

### Art. 6

Le surveillant-chef est chargé, sous l'autorité du Directeur de la Circonscription et sous le contrôle du Préfet ou du Sous-Préfet, sans préjudice des dispositions des articles 93, 613 et suivants du Code d'Instruction criminelle, et de la loi du 8 décembre 1897 :

Fonctions du surveillant chef.

1° De diriger tous les détails des services de la prison ;

2° D'assurer la garde des détenus, le maintien du bon ordre et de la discipline, l'exécution du service de propreté dans toutes les parties de la maison ;

3° De veiller à l'observation par l'entrepreneur des clauses et conditions du cahier des charges, et à l'exacte application des tarifs de main-d'œuvre ; de signaler au Directeur les infractions au cahier des charges notamment en ce qui concerne le défaut de travail et l'insuffisance des objets de vestiaire ;

4° De se conformer aux instructions relatives à l'anthropométrie des détenus ;

5° De tenir les diverses écritures mentionnées à l'article ci-après.

### Art. 7

Le surveillant-chef tient les registres d'écrou prescrits par le Code d'Instruction criminelle savoir :

Registres et écritures.

Un registre pour la maison d'arrêt ;
Un registre pour la maison de justice ;
Un registre pour la maison de correction.

Le surveillant-chef tient en outre, s'il y a lieu, des registres d'écrou séparés, savoir :

Un registre pour les détenus pour dettes et pour ceux mentionnés en l'article 455 du Code de Commerce ;
Un registre pour les détenus de passage ;
Un registre pour les condamnés en matière de simple police ;

Un registre pour les marins, dans les chefs-lieux d'arrondissements maritimes.

Le surveillant-chef est également chargé de la tenue des registres dont la nomenclature suit:

1° *Registres d'ordre et d'administration proprement dits,* à savoir:

Registre du contrôle nominatif de la population pour les détenus des deux sexes;

Registre du contrôle numérique;

Registre des libérations par mois;

Registre pour l'inscriptiondes punitions;

Registre de la correspondance des détenus avec les autorités administratives et judiciaires;

Registre de l'inventaire des objets mobiliers appartenant à l'État;

Registre d'inscription des ordres de service et circulaires;

Et en général, tous autres registres et états prescrits par les instructions ministérielles.

2° *Registres et écritures concernant la comptabilité des fonds appartenant aux détenus,* conformément aux instructions ministérielles.

Tous les registres que le surveillant-chef est chargé de tenir sont établis suivant les modèles déterminés par les instructions ministérielles.

## ART. 8

*Dépôt des sommes par les détenus.*

Les fonds dont les détenus sont porteurs à leur arrivée à la prison sont déposés entre les mains du surveillant-chef qui doit leur en donner un reçu détaché du registre à souches.

Si le personnel de la prison comporte un agent comptable c'est à lui que les fonds sont remis et dans ce cas le reçu est remplacé par un émargement des détenus sur le registre du dépôt des fonds.

## ART. 9

*Caisse*

Le montant des fonds en caisse appartenant aux détenus ne doit pas dépasser la somme maximum qui a été fixée pour chaque prison par le Préfet sur la proposition du Directeur. L'excédent de la dite somme, lorsqu'il est supérieur à 100 francs, est versé à la Trésorerie générale ou à la Recette des Finances, et il en est passé écriture conformément aux instructions.

## ART. 10

*Responsabilité du surveillant-chef.*

Dans les prisons où il n'y a ni comptable-deniers, ni comptable-matières, le surveillant-chef est seul responsable de la gestion de la caisse ainsi que des objets mobiliers qui n'ont pas été pris en charge par l'entrepreneur des services économiques.

### Art. 11

Le surveillant-chef est tenu, à quelque heure du jour ou de la nuit que ce soit, de remettre, sans le moindre retard, aux agents des transports cellu'aires, les détenus désignés pour être transférés, les libérés destinés aux dépôts de mendicité, les expulsés devant être reconduits à la frontière, les jeunes détenus à destination des établissements correctionnels. Il remettra en même temps à ces agents les extraits des jugements, arrêts de condamnation, arrêtés de libération et autres pièces concernant les transférés. Il devra aussi leur remettre les sommes d'argent, bijoux et autres valeurs appartenant aux transférés ; il y sera joint un état détaché du registre spécialement tenu à cet effet, et décharge sera donnée au surveillant-chef.

Il est interdit au surveillant-chef de laisser partir tout détenu reconnu par le médecin atteint de maladie grave.

Les femmes en état de grossesse dûment constatée par le médecin seront maintenues dans les prisons départementales ; il en sera de même des femmes auxquelles sera laissé, sur l'avis du médecin, l'allaitement de leur enfant.

Même après sevrage, les enfants pourront être laissés, jusqu'à l'âge de 4 ans, aux soins de leur mère qui, dans ce cas, restera également dans la prison départementale.

### Art. 12

En cas de décès d'un détenu, le surveillant-chef en fait mention en marge de l'acte d'écrou, conformément à l'article 84 du Code civil. Il en donne avis au maire qui fait dresser état des effets, papiers, argent, etc. laissés par le défunt. Le surveillant-chef doit joindre à sa déclaration l'indication du dernier domicile du détenu.

Il informe, en outre, l'autorité judiciaire du décès de tout prévenu ou accusé.

### Art. 13

En cas de suicide ou de mort violente, le surveillant-chef, indépendamment du rapport qu'il doit adresser au Préfet ou au Sous-Préfet et au Directeur, est tenu de provoquer immédiatement l'intervention de la police judiciaire, conformément aux articles 48, 49 et 50 du Code d'Instruction criminelle.

### Art. 14

Le surveillant commis-greffier est chargé des écritures du greffe et de la tenue de la comptabilité, sous l'autorité et la responsabilité du surveillant-chef.

Détenus à transférer.

Décès des détenus.

Suicides,
Morts violentes.

Surveillants commis-greffiers

### Art. 15



Dans les prisons où le personnel comprend un ou plusieurs premiers surveillants, les attributions de ces agents sont déterminées par le Directeur de la Circonscription. Ils ont autorité sur les surveillants qu'ils doivent, en cas d'infraction à la discipline, signaler au surveillant-chef.

### Art. 16



Les surveillants sont placés sous les ordres du surveillant-chef et doivent se conformer à ses prescriptions.

Dans les prisons où des premiers surveillants sont en fonctions, les surveillants leur sont subordonnés dans les conditions fixées par l'article précédent.

### Art. 17



Les femmes détenues doivent être placées dans un quartier spécial; elles ne sont surveillées que par des personnes de leur sexe chargées des mêmes fonctions que celles des surveillants.

Les surveillantes sont placées sous l'autorité du surveillant-chef.

En cas d'absence ou d'impossibilité momentanée de faire son service, la surveillante est remplacée par la femme d'un surveillant ou par toute autre personne agréée par le Directeur, ou en cas d'urgence, par le Préfet ou le Sous-Préfet.

### Art. 18



Les surveillants ne doivent jamais, à moins d'un ordre du Directeur ou du surveillant-chef, et tout à fait exceptionnellement, avoir accès dans le quartier des femmes.

Le surveillant-chef, peut avoir une clef ouvrant la porte du quartier des femmes, mais non celles des cellules, ces dernières devant être munies d'une serrure différente de celle des cellules du quartier des hommes.

Le surveillant-chef, sauf en cas de nécessité absolue, n'entrera dans le quartier des femmes qu'accompagné de la surveillante.

A moins de circonstance exceptionnelle dont il devra rendre compte par écrit au Directeur, il ne pourra entrer dans les cellules des femmes qu'accompagné d'une surveillante.

### Art. 19



Le surveillant-chef est toujours logé dans la prison. Il n'a droit à aucun avantage en nature autre qu'un jardin mis à sa disposition lorsque la superficie des terrains de la prison le permet.

Dans aucun cas et sous aucun prétexte, il ne doit recevoir les détenus dans son logement.

Aucune personne de sa famille ne devra pénétrer dans les locaux de la détention, exception faite cependant de sa femme si elle a un emploi de surveillante.

A l'exception du surveillant chargé du service de porte, les agents de surveillance, autres que le surveillant-chef, ne sont pas logés dans la prison. Des locaux peuvent cependant être mis à leur disposition ainsi qu'à celle de leur famille, si les bâtiments de la prison en dehors de la détention permettent de les loger.

Dans tous les cas, les agents de la surveillance n'ont droit qu'aux objets de literie et de lingerie prévus par le cahier des charges et seulement dans l'intérieur de la détention et pour le service de garde.

### ART. 20

Les surveillants-chefs, surveillants commis-greffiers, premiers surveillants, surveilllants et surveillantes sont tenus de porter constamment, dans l'exercice de leurs fonctions, l'uniforme réglementaire.

*Port de l'uniforme.*

### ART. 21

Les agents de surveillance sont armés, pendant le service, dans les conditions déterminées par les instructions ministérielles.

*Armement.*

### ART. 22

Le surveillant-chef ainsi que les autres agents du service de surveillance ne doivent jamais être détournés de leurs fonctions pour des motifs étrangers au service de la prison.

Ils ne peuvent non plus exercer aucune autre fonction.

*Prohibition de tout service étranger à la fonction.*

### ART. 23

Outre des congés réglementaires, les surveillants-chefs, surveillants commis-greffiers, premiers surveillants, surveillants et surveillantes peuvent exceptionnellement, et pour des cas de nécessité justifiée, être autorisés à s'absenter. Cette autorisation leur est accordée par le Directeur de la Circonscription ; s'il y a urgence elle peut leur être donnée par le Préfet ou le Sous-Préfet lorsque la prison n'est pas dans la ville siège de la Circonscription pénitentiaire.

*Congés et permissions de sortie.*

### ART. 24

Les agents de surveillance, quel que soit leur grade, sont responsables des évasions imputables à leur négligence, sans préjudice des poursuites dont ils pourraient être passibles par application des articles 237 et suivants du Code pénal.

*Responsabilité en cas d'évasion.*

## Art. 25



Il est interdit a tous les employés et agents de la surveillance :

De se porter à des actes de violence sur les détenus ;

D'user à leur égard, soit de dénominations injurieuses, soit du tutoiement, soit d'un langage grossier ou familier ;

De manger ou boire avec les détenus même après leur libération, ou avec les personnes de leur famille, leurs amis et visiteurs;

De fumer à l'intérieur de la détention;

De se mettre en état d'ivresse;

D'occuper les détenus pour leur service particulier et de se faire assister par eux dans leur travail, sauf dans les cas spécialement autorisés;

De recevoir des détenus ou des personnes agissant pour eux, aucun don, prêt ou avantage quelconque; de se charger pour eux d'aucune commission et d'acheter ou de vendre pour eux quoi que ce soit;

De faciliter ou de tolérer toute transmission de correspondances, tous moyens de communication irrégulière des détenus entre eux ou avec le dehors, ainsi que toute introduction d'objets quelconques hors des conditions et cas strictement prévus par les règlements, et particulièrement des objets de consommation, vivres, boissons etc...;

D'agir de façon directe ou indirecte auprès des détenus, prévenus et accusés pour influer sur leurs moyens de défense et sur le choix de leur défenseur.

Toutes contraventions à ces prohibitions, ainsi qu'aux dispositions des instructions sur le service de garde et de surveillance, seront punies, selon la gravité des cas, des sanctions déterminées par les réglements sur la discipline, sans préjudice, s'il y a lieu, des sanctions prévues par le Code pénal, notamment par les articles 177 et suivants, relatifs à la corruption des fonctionnaires publics, et des articles 309 et suivants relatifs aux coups et blessures.

## Art. 26



Les surveillants sont responsables des dégradations, dommages et dégâts de toute nature commis par les détenus lorsqu'ils ne les ont pas signalés sur le champ au surveillant-chef.

La même responsabilité incombe au surveillant-chef qui a négligé de signaler les faits au Directeur.

## CHAPITRE II

### Régime de l'emprisonnement individuel.

## Art. 27



Toute communication est, en principe, interdite aux détenus entre eux pendant toute la durée de leur emprisonnement, à quelque catégorie qu'ils appartiennent.

En conséquence, le service doit être organisé de façon que les détenus ne puissent se voir ni se parler soit de cellule à cellule, soit à l'occasion de la circulation dans l'intérieur de la prison.

### ART. 28

Au cas où le nombre des cellules ne serait pas suffisant pour que chaque détenu puisse en occuper une séparément, le Directeur, ou, suivant le cas, le surveillant-chef — (à charge par ce dernier d'en rendre compte dans son rapport journalier au Directeur) — désignera les détenus qui pourront être placés ensemble, d'abord dans le quartier de désencombrement prévu par l'art. 8 § 2 de la loi du 4 février 1893 ou, à défaut, dans les cellules.

Le nombre des détenus placés exceptionnellement dans une même cellule ne devra pas être inférieur à trois,

*Excédents de population.*

### ART. 29

Le choix des condamnés à placer en commun soit au quartier de désencombrement soit dans les cellules devra, autant que possible, porter sur des individus ayant subi des condamnations antérieures.

Le Directeur ou le surveillant-chef se conformera aux ordres qui lui seront donnés par le Juge d'instruction ou le Président des assises en exécution de l'article 613 du Code d'instruction criminelle; il ne devra pas, notamment, placer avec d'autres détenus les prévenus ou accusés dont l'autorité judiciaire aura prescrit l'isolement.

Les prévenus ou condamnés pour faits prévus par la loi du 28 juillet 1894 sur les menées anarchistes ne devront, en aucun cas, être placés avec d'autres détenus.

*Choix des détenus à placer au quartier de désencombrement ou dans des cellules avec d'autres détenus.*

### ART. 30

Les mesures indiquées aux deux articles précédents devant être exceptionnelles et n'avoir qu'une durée aussi courte que possible, le Préfet de Police à Paris ou le Directeur dans les Circonscriptions pénitentiaires devra, soit pour éviter un encombrement à prévoir, soit pour faire cesser l'encombrement existant, adresser dans le moindre délai, un rapport au Ministre en vue de transférer des détenus dans un autre établissement.

*Mesures à prendre pour éviter les encombrements.*

### ART. 31

A leur arrivée à la prison et jusqu'au moment où ils peuvent être conduits dans les cellules, les détenus sont placés isolément dans des cellules d'attente ou dans des locaux en tenant lieu.

*Cellules d'attente.*

Ils sont soumis aux formalités de l'écrou et aux mensurations anthropométriques ainsi qu'aux soins de propreté nécessaires; ils sont ensuite, s'il y a lieu, revêtus du costume pénal.

ART. 32

**Usage du capuchon.**

Afin de prévenir les communications visuelles, chaque détenu de l'un et l'autre sexe devra, dans les cas déterminés par l'article suivant, porter un capuchon en étamine lui couvrant entièrement, lorsqu'il est baissé, la tête et le visage. Ce capuchon peut être remplacé par un masque en toile cachant le visage du détenu.

Toutefois les prévenus, les accusés, les condamnés pour contraventions de simple police, les détenus pour dettes, les condamnés pour crimes ou délits politiques peuvent, sur leur demande, être dispensés du port du capuchon ou masque.

Les détenus employés au service général sont dispensés du port du capuchon ou masque.

Dans le quartier de désencombrement, les détenus en sont également dispensés.

ART. 33

Au signal donné pour indiquer les heures de réception du travail, ou de distributions de toutes natures et généralement dans toutes les circonstances où, soit la porte, soit le guichet de la cellule doit être ouvert en présence d'un détenu ou d'une personne libre n'ayant pas autorité, emploi ou mission dans la prison, les détenus sont astreints à baisser aussitôt leur capuchon ou leur masque. Il en est de même lorsqu'ils sont avertis de se préparer à sortir de leur cellule pour quelque motif que ce soit. Ils le gardent baissé, dans le premier cas, jusqu'à ce que la porte ou le guichet de leur cellule soit refermé; dans le second cas, pendant le temps durant lequel ils circulent dans les galeries, cours, chemins de ronde et tous locaux de la prison où ils seraient exposés à se trouver en présence de détenus ou d'étrangers.

Le capuchon ou le masque est relevé, au signal convenu, dans les préaux et dans les stalles de la chapelle ou de l'école, ainsi que dans les locaux où l'emploi en serait inutile.

ART. 34

**Circulation des détenus**

Chaque détenu est muni d'une plaque portant le numéro de sa cellule; cette plaque reste apposée à l'extérieur de la porte pendant tout le temps qu'il y est enfermé. Il se l'attache sur la poitrine, à la place indiquée, au moment de sortir. En entrant soit au préau, soit à la chapelle, il l'accroche à l'emplacement qui lui est désigné, puis il la reprend à la sortie.

Lorsqu'il y a lieu à mouvements ou défilés collectifs pour aller aux préaux, à la chapelle etc... la porte de la cellule n'est ouverte et le détenu qui s'y trouve ne sort que lorsque le précédent est à une distance calculée de manière à empêcher toute communication; des dispositions sont prises pour que deux files de détenus ne puissent se rencontrer.

Les détenus indiqués par l'article 32 comme étant dispensés du port du capuchon ou du masque ne peuvent circuler dans la prison que hors la présence des autres détenus.

Le service de propreté dans les chemins de ronde ne peut se faire pendant que les préaux sont occupés, à moins cependant que les préaux n'aient pas de vue sur les chemins de ronde.

Lorsque plusieurs détenus sont libérables le même jour, il doit être pris les précautions nécessaires pour qu'ils ne se rencontrent ni dans les bureaux du greffe, ni à leur sortie de la prison.

### ART. 35

Il est formellement interdit de prononcer les noms des détenus soit dans les cellules, soit dans les couloirs, cours préaux ou chemins de ronde.

Les nom et prénoms du détenu sont inscrits au *verso* d'une étiquette de 0m.05 de hauteur sur 0 m.06 de longueur accrochée à l'intérieur de sa cellule près de la porte; il ne peut en être pris connaissance que par les personnes ayant autorité ou mission dans la prison, et le *recto*, portant uniquement le N° d'écrou, reste seul apparent.

Il n'est apposé à l'extérieur, sur la porte de la cellule, qu'une étiquette d'un modèle réglementaire mentionnant le numéro d'écrou du détenu et indiquant par une couleur distincte la catégorie à laquelle il appartient (verte pour les prévenus ou accusés, jaune pour les condamnés); un gros trait à l'encre noire sous le numéro signale les accusés; une croix au crayon rouge les condamnés qui doivent être transférés dans d'autres établissements pénitentiaires et les passagers; le mot « *enfant* », signale les jeunes détenus.

Au dos de cette étiquette, on porte quelques renseignements sommaires propres à faire connaître, aux personnes ayant autorité ou mission dans la maison, la situation du détenu.

*Mesures en vue de ne pas laisser connaître les noms des détenus.*

### ART. 36

Aucune parole ne doit être prononcée qu'à voix basse, si ce n'est pour donner des ordres.

Les heures du lever, du commencement et de la cessation du travail et des repas, des offices religieux etc... sont indiquées par un ou plusieurs coups de cloche ou de sifflet.

*Silence à observer.*

## ART. 37



Le jour de son arrivée à la prison, ou au plus tard le lendemain chaque détenu doit être visité par le Chef de l'établissement, ou, à son défaut, par le Contrôleur dans les prisons de la Seine et par le surveillant-chef dans les autres prisons.

Le Règlement particulier de la prison détermine le nombre des visites que le Directeur ou le Contrôleur, le surveillant-chef, les premiers surveillants ont à faire à chaque détenu. Le nombre de ces visites ne doit pas être, autant que possible, inférieur à une par jour.

## ｛ART. 38



Au chef-lieu du département le Préfet ou son délégué, dans les autres arrondissements le Sous-Préfet, doit visiter la prison au moins une fois par trimestre. Le délégué du Préfet et le Sous-Préfet font connaître par un rapport leurs observations au Préfet.

Le Procureur de la République ou son substitut doit visiter la prison au moins une fois par trimestre. Il adresse au Procureur général un rapport sur sa visite.

## ART. 39



Les ministres des différents cultes visitent, dans leurs cellules, les détenus de leur religion qui auront demandé à les voir. Le nombre de ces visites ne doit pas, sauf des circonstances exceptionnelles, dépasser trois par semaine.

## ART. 40



Un membre délégué de la Commission de surveillance visite tous les détenus, une fois par semaine, autant que possible.

Dans les prisons à grand effectif, les Commissions de surveillance peuvent déléguer plusieurs de leurs membres pour la visite des détenus.

Les membres des Comités de patronage agréés par l'Administration peuvent visiter les détenus de leur sexe toutes les fois qu'ils le demandent et sur la seule justification de leur qualité.

## ART. 41

Les personnes ayant autorité dans la prison peuvent entrer dans les cellules des détenus sans être accompagnées d'un surveillant ou d'une surveillante. Il en est de même des membres des

Commissions de surveillance et des ministres des différents cultes, à moins, en ce qui concerne les prévenus, d'une interdiction formelle et par écrit faite par le Juge d'instruction.

## CHAPITRE III

### Discipline et police intérieure de la prison.

#### ART. 42

Hors les cas prévus par le présent règlement, aucune dérogation quelconque ne peut être apportée à l'uniformité de la règle à laquelle les détenus doivent être généralement et indistinctement soumis.

*Uniformité de la règle.*

#### ART. 43

Lès enfants détenus par mesure de correction paternelle doivent toujours être placés isolément dans les cellules.

Il n'est fait aucune mention sur les registres, états et écritures concernant la population détenue et les services de l'entreprise, de la présence à la prison des mineurs enfermés par mesure de correction paternelle en vertu des art. 375 et suivants du Code civil.

Le surveillant-chef justifie de la légalité de la détention en produisant l'ordre même d'emprisonnement délivré ou renouvelé par par le Président du Tribunal civil.

*Enfants détenus par mesure de correction paternelle*

#### ART. 44

Les détenus pour dettes envers l'État en matière criminelle ou correctionnelle sont soumis aux mêmes règles disciplinaires que les condamnés. Toutefois, ils ne sont pas astreints au travail, ni au port du costume pénal..

Les détenus pour dettes, en matière de simple police et de faillite, sont soumis aux mêmes règles disciplinaires que les prévenus et accusés.

*Détenus pour dettes.*

#### ART. 45

Les détenus doivent obéissance aux fonctionnaires ou agents ayant autorité dans la prison en tout ce qu'ils leur prescrivent pour l'exécution des règlements.

*Obéissance.*

### Art. 46



Tous les détenus doivent être fouillés à leur entrée dans la prison et chaque fois qu'ils en sont extraits, conduits à l'instruction ou à l'audience et ramenés à la prison. Ils peuvent être également fouillés pendant le cours de leur détention aussi souvent que le Directeur ou le surveillant-chef le juge nécessaire.

Les détenus ne peuvent être fouillés que par des personnes de leur sexe.

### Art. 47



Il n'est laissé aux détenus ni argent, ni bijoux autres que les bagues d'alliance, ni valeurs quelconques.

Les sommes dont ils seraient porteurs à leur entrée dans la prison, ainsi que les bijoux, après estimation, et les valeurs sont déposés entre les mains du surveillant-chef ou rendus à leur famille avec leur assentiment.

Il est immédiatement passé écriture au compte du déposant, des sommes ou valeurs consignées sur les registres réglementaires.

Le surveillant-chef peut être autorisé par le Directeur à refuser de prendre charge des objets dont l'importance ou le prix lui paraîtrait trop grands pour sa responsabilité.

Dans ce cas les objets dont il s'agit n'en sont pas moins inscrits provisoirement au registre; mais le détenu est invité à s'en défaire soit en les renvoyant à sa famille ou à son tuteur, soit en les faisant déposer entre les mains d'un notaire ou de toute personne agréée par l'Administration, soit en les vendant. Les frais de renvoi, de garde ou de vente sont à la charge du détenu.

En aucun cas, l'administration ne se charge du recouvrement des capitaux, intérêts, dividendes et arrérages des valeurs appartenant aux détenus.

### Art. 48



Les sommes déposées par les détenus, au moment de l'incarcération, ou versées ultérieurement en leur nom, peuvent être employées, sauf s'il y a abus, par les prévenus et accusés pour l'achat d'aliments supplémentaires ou autres dépenses autorisées par par le règlement.

Les condamnés peuvent être autorisés à recevoir des sommes qui leur sont envoyées au cours de leur détention et à en faire le même emploi. Ces autorisations peuvent leur être retirées, s'il y a lieu, par le Directeur, ou par le surveillant-chef sur avis conforme du Directeur.

### Art. 49



Au moment de la libération, l'argent, les vêtements, bijoux et valeurs, sont remis aux détenus qui en donnent décharge.

Au cas ou un détenu ne saurait ou ne pourrait signer, comme dans celui où il refuserait de le faire quoiqu'il ait reçu les objets mentionnés au registre, la constatation de la remise doit être signée aux registres par deux surveillants ou, à défaut, par deux personnes appartenant à une administration publique.

Si la sortie de la prison a lieu par transfèrement, les objets appartenant aux détenus sont déposés contre reçu entre les mains de l'agent de transfèrement. Les bijoux et objets que ce dernier ne croirait pas pouvoir prendre en charge sont expédiés par la poste ou par tout autre moyen à la nouvelle destination du détenu, aux frais de ce dernier, ou sont, avec son consentement, vendus à son profit ou remis à un tiers désigné par lui.

## Art. 50

Après un délai de trois ans depuis le décès d'un détenu ou son évasion, si les bijoux, valeurs, etc., n'ont pas été réclamés par leurs ayants droit, il en est fait remise à l'administration des Domaines, et cette remise vaut décharge pour l'administration de la prison. L'argent est versé au Trésor.

Il est procédé de même pour les objets que les détenus ont refusé par écrit de recevoir, lors de leur libération.

Destination à donner aux bijoux, valeurs etc.. en cas de non réclamation.

## Art. 51

En cas de perte, il est remis au détenu ou à ses ayants droit la valeur d'estimation de l'objet perdu. Le paiement en est mis, sauf le cas de force majeure, à la charge de l'agent responsable.

Remboursement en cas de perte.

## Art. 52

Tous les objets apportés ou envoyés du dehors aux détenus doivent être visités.

Il est donné connaissance à l'autorité administrative et, s'il y a lieu, à l'autorité judiciaire, des objets retenus qui auraient été trouvés sur les détenus ou envoyés du dehors ou apportés par les visiteurs.

Objets apportés ou envoyés du dehors.

## Art. 53

Tous cris, chants et interpellations ainsi que tous actes de nature à troubler le bon ordre sont interdits ; il en est de même de tous moyens de communication d'une cellule à l'autre.

Au préau, si le détenu a besoin de s'adresser au surveillant, il lui fait signe en levant la main et ne lui parle qu'à voix basse.

Règle du silence pour les détenus du régime cellulaire.

## ART. 54

Règle du silence pour les détenus du quartier de désencombrement.
Interdiction des jeux, des dons, trafics et échanges.

Les détenus du quartier de désencombrement, ainsi que ceux qui se trouvent ensemble dans les cellules, sont astreints également à la règle du silence, sauf les exceptions nécessitées par les besoins du service ou par le travail.

Les jeux de toutes sortes sont interdits, ainsi que tous dons, trafics, ou échanges entre détenus.

## ART. 55

Instruments dangereux, rasoirs.

Sauf l'autorisation spéciale délivrée par le Directeur, les détenus ne peuvent garder à leur disposition aucun instrument dangereux, notamment les rasoirs.

## ART. 56

Moyens d'appel.
Fenêtres, gaz, ventilation.

Il est interdit aux détenus :

1° A moins d'urgence et de nécessité absolue, d'user des moyens mis à leur disposition pour appeler les surveillants ;

2° De monter à leur fenêtre, à quelque moment que ce soit ;

3° D'éteindre le gaz ou la lampe à une heure autre que celle qui leur a été indiquée ;

4° De boucher les orifices des conduits de ventilation.

## ART. 57

Service d'ordre et de propreté.

Chaque détenu fait son lit et entretient sa cellule dans un état constant de propreté.

Lors de l'installation d'un détenu dans sa cellule, on lui fait reconnaître que tout y est en état.

Les dégradations constatées sont signalées au surveillant-chef.

Les détenus qui les ont commises paient sur leur pécule disponible ou à défaut, sur le pécule réserve après virement autorisé, le montant de ces dégradations, sans préjudice d'une sanction disciplinaire.

Il est interdit aux détenus de clouer ou de coller sur les murs des cellules des images, affiches, etc.. Sera considéré comme dégradation tout ce qui peut laisser une trace sur les parois, les murs, les boiseries et objets mobiliers.

## ART. 58

Visite des cellules et des préaux.

Pendant que les détenus n'occupent pas leur cellule, la visite doit en être faite, chaque jour, par un surveillant. Le mobilier doit également être visité et vérification est faite des serrures et des barreaux des fenêtres.

Les préaux sont visités et les objets quelconques qui y auraient été laissés doivent être enlevés. Les inscriptions et dessins tracés sur les murs ou sur le sol sont effacés, sans préjudice de ce qui est dit à l'article précédent quant à l'imputation des dégradations et à la sanction disciplinaire.

Afin d'établir la responsabilité de chacun, le surveillant-chef doit marquer tous les jours sur le carnet de chaque surveillant les cellules que celui-ci doit visiter le lendemain. Lorsque le surveillant-chef a une recommandation toute spéciale à faire à un surveillant, il la consigne sur ce carnet.

### ART.  59

Les locaux de la détention autres que les cellules sont chaque jour mis en état de la plus grande propreté par les détenus du service général.

Ces détenus sont désignés par le Directeur ou le surveillant-chef parmi les condamnés n'ayant que des peines de courte durée à faire et autant que possible parmi ceux qui ont eu des condamnations antérieures peu importantes.

Les détenus du service général n'ayant pas l'obligation du port du capuchon ne doivent être chargés de cet emploi que s'ils y consentent.

*Détenus du service général.*

### ART.  60

Les prévenus et accusés ne sont pas astreints à la promenade au préau.

Cette promenade est, au contraire, obligatoire pour les condamnés à moins qu'ils n'en aient été dispensés par le Directeur ou le surveillant-chef, sur avis du médecin.

La durée de la promenade au préau doit être d'une heure par jour, autant que possible; elle ne doit pas, en tout cas, être inférieure à une demi-heure.

Les détenus doivent mettre le capuchon tant pour se rendre au préau que pour revenir à leur cellule; ils l'enlèvent pendant la durée de la promenade au préau.

Il est établi un roulement de façon que, tous les jours, l'heure de promenade change pour chaque détenu et qu'aucun d'eux n'occupe deux jours de suite le même préau.

*Promenade au préau*

### ART.  61

Aux heures de lever et de coucher, ainsi que deux fois par jour à des heures variables, les surveillants contrôlent la présence des détenus.

Le surveillant-chef et les surveillants de service dans chaque quartier font ce contrôle à l'aide d'une liste nominative des détenus établie par quartier.

*Contrôle de la présence. Appels des détenus.*

### ART.  62

Le nombre des rondes de nuit est déterminé pour chaque prison par le Directeur de la Circonscription, sans préjudice des mesures

*Rondes de nuit.*

exceptionnelles à prendre lorsque l'établissement renfermera des détenus dangereux.

Le surveillant-chef doit indiquer aux surveillants les heures auxquelles les rondes seront effectuées; ces heures varieront d'une nuit à l'autre. Il doit avoir la possibilité de contrôler si les rondes ont été faites aux heures prescrites.

Pendant la nuit, personne ne doit entrer dans la cellule d'un détenu, à moins que ce dernier n'appelle ou qu'on n'ait de graves raisons pour y entrer. Le surveillant prend dans ce cas. toutes les précautions de sécurité nécessaires; il appelle, au besoin, un autre surveillant ou le surveillant-chef.

En circulant pendant leurs rondes, les surveillants doivent faire le moins de bruit possible.

ART. 63

**Visites dans l'intérieur de la Prison.**

Les fonctionnaires ou les personnes qualifiées pour visiter la prison ne peuvent avoir accès dans la détention qu'après justification de leur qualité ou présentation d'un ordre de mission.

Aucune personne étrangère au service ne peut être admise à visiter une prison qu'en vertu d'une autorisation spéciale du Ministre, du Préfet ou du Sous-Préfet.

Les visiteurs ne peuvent voir les détenus dans leur cellule qu'avec une autorisation donnée par le Ministre. En tout cas ils ne doivent pas leur parler hors la présence d'un surveillant.

ART. 64

**Permis de visite.**

Les permis de visite sont délivrés par l'autorité administrative, sous réserve des droits conférés par la loi à l'autorité judiciaire. En ce qui concerne les prévenus et accusés, les permis de visite sont soumis, suivant les cas, au visa du Procureur de la République, du Juge d'instruction ou du Président des assises.

Les permis ne sont en principe délivrés qu'au conjoint et aux parents du condamné jusqu'au troisième degré et sur justification de cette parenté; ils sont également donnés à son tuteur.

Exceptionnellement, et pour des motifs que l'autorité administrative apprécie, des permis peuvent être délivrés à d'autres personnes que les proches parents des condamnés.

Tout permis de visite présenté au surveillant-chef a le caractère d'un ordre auquel il doit déférer, sauf à surseoir si les détenus sont matériellement empêchés ou en punition, et si quelque circonstance exceptionnelle l'oblige à en référer préalablement au Directeur.

ART. 65

**Parloir.**

Un surveillant est présent au parloir et doit avoir la possibilité d'entendre les conversations; il empêche toute remise d'argent ou d'objet quelconque par les visiteurs aux détenus aussi bien que par les détenus aux visiteurs.

Les surveillants doivent signaler au surveillant-chef les visiteurs dont l'attitude aura laissé à désirer ou qui ne se seraient pas conformés à la défense de remettre aux détenus des lettres, de l'argent ou tous objets qu'ils n'auraient pas été autorisés à donner. Les noms de ces visiteurs devront être communiqués à l'autorité administrative qui appréciera si les autorisations de visite devront être supprimées ou suspendues.

### ART. 66

Les prévenus, les accusés et les détenus pour dette en matière de faillite peuvent recevoir des visites tous les jours; les condamnés seulement deux fois par semaine.

La durée des visites ne doit pas dépasser une demi-heure; exceptionnellement elle peut être augmentée si les visiteurs ont leur domicile très éloigné du siège de la prison.

Les jours et heures des visites pour tous les détenus sont fixés par une décision préfectorale et sont indiqués dans le règlement intérieur de la prison.

*Jours et heures des visites.*

### ART. 67

Les avocats agissant dans l'exercice de leurs fonctions communiquent avec les prévenus et accusés, soit dans un parloir spécial, soit dans un local qui en tient lieu.

Ces visites peuvent être faites tous les jours, mais à des périodes de la journée fixées par le Préfet ou le Sous-Préfet après avis du Bâtonnier de l'Ordre, sauf dérogations pour des cas exceptionnels.

Toutes communications et toutes facilités compatibles avec les dispositions du présent règlement sont accordées aux prévenus et accusés pour leurs moyens de défense et le choix de leur défenseur.

A cet effet, le tableau des avocats inscrits dans les barreaux du département et la liste des avoués de l'arrondissement sont affichés sur une planchette ou un carton accroché dans chaque cellule.

En cas d'impossibilité matérielle, un avis affiché dans la cellule fait connaître au détenu qu'il peut réclamer communication du tableau de l'ordre des avocats.

*Visites faites par les avocats.*

### ART. 68

Les prévenus, les accusés, les détenus pour dettes et en matière de faillite, et les enfants détenus par mesure de correction paternelle, peuvent écrire tous les jours.

Les condamnés ont l'autorisation d'écrire le Dimanche aux membres de leur famille mais ces lettres ne peuvent pas excéder le nombre de deux ni dépasser 4 pages de 15 lignes chacune.

Par autorisation spéciale du Directeur ou du surveillant-chef, un

*Correspondance des détenus.*

condamné peut écrire à des personnes autres que les membres de sa famille; il peut aussi être autorisé exceptionnellement, et pour des cas d'urgence, à écrire en semaine en plus de la correspondance du Dimanche, des lettres dont le nombre ne dépassera pas deux.

La correspondance de tous les détenus devra être lue tant à l'arrivée qu'au départ; à l'exception cependant des lettres adressées par les prévenus et accusés à leur défenseur ou que ce dernier leur fera parvenir sous les garanties que déterminera l'administration pour s'assurer que la lettre émane bien du défenseur.

Les lettres écrites par les prévenus ou accusés, ou qui leur sont adressées sont communiquées, s'il y a lieu, au Procureur de la République, au Juge d'instruction ou au Président des assises.

Tous les détenus ont la faculté de remettre au Directeur ou au surveillant-chef des lettres closes adressées par eux aux autorités administratives et judiciaires. Aucun retard ne doit être apporté dans l'envoi de ces lettres à leur destination.

La punition de privation de la correspondance ne s'applique pas aux lettres adressées aux autorités administratives et judiciaires.

## ART. 69

Punitions.

En ce qui concerne les *condamnés* les punitions autorisées son les suivantes :

1° La réprimande;

2° Le retrait de l'autorisation qui leur a été donnée, à titre de récompense, de faire usage de vin;

3° La privation de cantine (sauf en ce qui concerne le pain) pendant une période déterminée;

4° La privation de toute correspondance pendant deux semaines au plus, sauf le droit toujours maintenu d'écrire aux autorités administratives et judiciaires;

5° La privation de visites, un jour par semaine, pendant deux mois au plus;

6° La privation, pendant un mois au plus, de toutes visites, autres que celles des membres des Comités de patronage autorisés;

7° La privation de lecture pendant deux semaines au plus, et en cas seulement de lacération, détérioration ou usage illicite des livres prêtés;

8° La privation d'assistance aux lectures et conférences pour trois séances consécutives au plus, et en cas seulement d'infraction aux règlements commise pendant la durée ou à l'occasion de ces exercices;

9° La suppression des vivres, autres que le pain, pendant trois jours consécutifs au plus; la ration de pain étant d'ailleurs augmentée, s'il y a lieu;

10° La mise en cellule de punition avec ou sans les aggravations suivantes:

*a)* Retrait de tout ou partie des fournitures de couchage autres que les couvertures.

*b)* Occlusion de la fenêtre par un volet plein. Elle ne peut avoir une durée de plus de deux jours consécutifs, sauf, après l'avoir suspendue pendant 24 heures, à la renouveler, s'il y avait lieu, pour une nouvelle période de deux jours;

11° La mise aux fers dans les cas et conditions prévues par l'article 614 du Code d'Instruction criminelle. En cas d'urgence, le surveillant-chef ordonne la mise aux fers sauf, à en référer immédiatement au Directeur qui lui-même en informe le Ministre.

La mise en cellule de punition entraîne de plein droit, pendant toute sa durée, et quels qu'en soient les motifs, la privation de cantine de lecture, de correspondance et de visite.

Le régime alimentaire des détenus en cellule de punition se compose de pain dont la ration peut, s'il y a lieu, être augmentée, et des vivres complets tous les quatre jours.

Les détenus mis en cellule de punition font une promenade de 1 heure au préau tous les deux jours.

En ce qui concerne les *prévenus,* les *accusés, les détenus pour dettes* en matière de faillite, et les mineurs détenus par mesure de correction paternelle, les punitions autorisées sont les suivantes:

1° Le retrait de l'autorisation d'occuper une cellule de pistole;

2° Le retrait de l'autorisation de faire usage du tabac;

3° Le retrait de l'autorisation de faire usage du vin;

4° La privation de cantine;

En cas d'abus.

5° La privation de lecture, pendant deux semaines au plus, et en cas seulement de lacération, détérioration ou usage illicite des livres;

6° La privation d'assistance aux lectures et conférences pendant trois séances consécutives au plus, et en cas seulement d'infraction commise pendant la durée ou à l'occasion de ces exercices;

7° La suppression des vivres autres que le pain pendant trois jours consécutifs; la ration de pain étant d'ailleurs augmentée, s'il y a lieu;

Cette punition entraîne la suppression d'autorisation de faire usage du tabac, de vin et de tous achats en cantine;

8° La mise en cellule de punition ou aux fers dans les conditions déterminées ci-dessus à l'égard des condamnés.

Toutes les punitions mentionnées au présent article sont prononcées par le Directeur et, dans les prisons où il n'y en a pas, par le surveillant-chef, à charge par celui-ci d'en rendre compte, dans les vingt-quatre heures, au Directeur de la Circonscription.

Toutefois le Directeur ne peut prononcer une peine de cellule supérieure à 15 jours ; s'il estime que la punition est insuffisante, il fait une proposition au Préfet qui ne peut infliger que 30 jours au maximum ; pour une punition de plus longue durée, il appartient au Ministre de statuer.

Les détenus ayant à subir une peine de cellule de plus de huit jours doivent être vus par le médecin dans la cellule de punition deux fois par semaine. La punition est suspendue si le médecin consigne sur le carnet de visite que sa continuation serait de nature à compromettre la santé du détenu.

### Art. 70

Récompenses.

A titre de récompense aux condamnés dont la conduite et le travail sont satisfaisants les autorisations suivantes peuvent être données :

1° Acheter en cantine un demi-litre de vin par jour, ou un litre de bière ou de cidre ;

2° Acheter des livres qui, toutefois, ne leur sont remis qu'après examen préalable du Directeur ;

3° Conserver dans leur cellule les photographies des membres de leur famille ;

4° Faire usage, trois mois avant leur libération, de souliers leur appartenant ;

5° Prélèver sur le pécule réserve, en vue de faire des achats en cantine et d'envoyer des secours à leur famille. — Dans ce cas, les virements doivent être faits sur l'ordre du Directeur mais sans toutefois qu'ils soient un obstacle au paiement par les détenus des frais de justice dûs au Trésor ;

6° Recevoir de l'argent de leur famille et en faire l'emploi pour des achats en cantine.

## CHAPITRE IV

### Régime des détenus.

### Art. 71

Régime alimentaire.

La composition du régime alimentaire est fixée par l'administration ; il comporte pour les détenus deux régimes gras par semaine ; ce même régime leur est, en outre, donné les jours fériés.

### Art. 72

Vivres de cantine.

Les prix des vivres de cantine sont fixés d'après un tarif arrêté, tous les trois mois, par le Préfet, sur la proposition de l'entrepreneur et du surveillant-chef et l'avis du Directeur de la Circonscription.

Ce tarif reste constamment affiché dans chacune des cellules ainsi que dans le quartier de désencombrement. Il est divisé en deux parties: l'une indiquant les vivres autorisés seulement pour les prévenus et accusés et l'autre les vivres dont la consommation est permise aux condamnés.

Les prévenus et accusés peuvent chaque jour acheter le pain de toute qualité à discrétion, deux portions soit de viande soit de poisson, des légumes, fruits et autres aliments qui figurent au tarif de cantine, 75 centilitres de vin, ou un litre de bière ou de cidre.

Les condamnés ne peuvent acheter que 500 grammes de pain de ration, une portion de légumes, œufs, lait, beurre ou fromage et une ration de viande ou de fruits suivant la saison.

Les condamnés ne doivent, en principe, acheter des vivres de cantine que sur le produit de leur travail; toutefois, ils peuvent être autorisés par le Directeur de la Circonscription, sur la proposition du surveillant-chef, à titre de récompense, à faire ces achats sur l'argent qu'ils ont en dépôt ou qui leur est envoyé; cette autorisation doit, en outre, leur être donnée si leur état de santé ne leur permet pas de travailler, ou bien encore si le travail n'est pas suffisamment rémunérateur ou en cas de chômage; cette autorisation peut leur être retirée.

## Art. 73

Les prévenus et accusés ont la faculté de renoncer aux vivres ordinaires et supplémentaires de la prison et de faire venir du dehors pour leur nourriture par jour: du pain à discrétion, une soupe, deux plats ou portions soit de viande, soit de poisson, légumes, œufs, beurre, fromage, lait ou fruits; 75 centilitres de vin ou un litre de bière ou cidre.

Faculté laissée aux prévenus et accusés.

## Art. 74

Les détenus pour dettes dans les cas déterminés par la loi et les mineurs détenus par mesure de correction paternelle sont assimilés, en ce qui concerne le régime alimentaire, aux prévenus et accusés. Toutefois, la dépense qu'ils peuvent faire en achat de vivres supplémentaires ne doit pas dépasser le montant de la consignation alimentaire.

Les débiteurs de l'État pour crimes, délits ou contraventions de droit commun, sont soumis au régime des condamnés.

Régime des détenus pour dettes.

## Art. 75

L'usage du vin, du cidre et de la bière et généralement de toute autre boisson spiritueuse ou fermentée est interdit aux condamnés.

Toutefois, ils peuvent, sur le produit de leur travail être autorisés à se procurer soit une ration de vin qui ne doit pas dépasser 30 centilitres par jour, soit une ration de bière ou de cidre de 50 centiitres au plus.

Ces autorisations sont révocables.

Boissons.

## Art. 76

Tabac.

L'usage du tabac, sous toutes ses formes, est autorisé pour les prévenus et les accusés; il est interdit aux condamnés et aux jeunes détenus.

Les prévenus et accusés qui seront occupés dans leur cellule à un travail présentant des dangers d'incendie ne sont autorisés à fumer qu'aux préaux.

## Art. 77

Vêtements des prévenus et accusés.

Les prévenus et accusés conservent leurs vêtements personnels, à moins qu'il n'en soit autrement ordonné par l'autorité administrative, à titre de mesure d'ordre ou de propreté, ou par l'autorité judiciaire dans l'intérêt de l'instruction.

Ils peuvent faire venir du dehors et à leurs frais les vêtements dont ils ont besoin.

Ils ont la faculté de réclamer le costume pénal s'ils ont consenti à faire un travail susceptible de détériorer leurs vêtements personnels.

## Art. 78

Port du costume pénal par les condamnés.

Les individus condamnés à un mois de prison et au-dessous ne sont pas tenus de porter le costume pénal  ils peuvent néanmoins le réclamer. Le costume pénal; leur est imposé, si leurs vêtements personnels sont malpropres ou en mauvais état.

Les individus condamnés à plus d'un mois et à moins de trois mois de prison peuvent conserver leurs vêtements personnels s'ils en font la demande. Cette autorisation leur  est refusée si l'exercice de cette faculté doit compromettre les conditions d'ordre, de sûreté et de propreté de l'établissement.

Les individus condamnés à trois mois et au-dessus sont tenus de porter le costume pénal, sauf le cas de dispense individuelle. Cette dispense ne peut être accordée que par décision préfectorale rendue sur la proposition du Directeur de la Circonscription faite après avis du surveillant-chef.

Cette décision doit être notifiée par écrit au surveillant-chef et consignée par lui sur le carnet d'ordres du service.

La dispense de porter le costume pénal est toujours révocable.

## Art. 79

Composition du costume pénal.

La composition du costume pénal et des effets de lingerie des condamnés est fixée par l'administration. De même, le renouvellement et l'entretien en sont assurés dans les conditions déterminées dans le cahier des charges.

Le surveillant-chef doit signaler au Directeur de la Circonscription et à la Commission de surveillance l'insuffisance ou le mauvais état du vestiaire.

Le Directeur en informe le Préfet et lui fait des propositions en vue de l'application des sanctions prévues par le cahier des charges. Aucun vêtement ayant déjà servi à un détenu ne peut être remis en service sans avoir été préalablement lavé, nettoyé ou désinfecté suivant les cas.

### Art. 80

Les condamnés peuvent être autorisés à faire usage, pour raison de santé et d'hygiène, de vêtements supplémentaires, à la condition que l'aspect général du costume n'en soit pas modifié.

> Vêtements supplémentaires.

### Art. 81

Les effets retirés aux condamnés entrants sont inventoriés, lavés ou nettoyés, désinfectés, étiquetés, et mis en magasin pour leur être rendus à la sortie, le tout suivant les règles stipulées au cahier des charges.

> Effets appartenant aux détenus.

### Art. 82

Il est donné un bain de corps ou une douche à tous les détenus à leur entrée, sauf le cas de dispense individuelle.

A moins d'indication contraire du médecin, tous les détenus doivent, une fois par semaine prendre un bain ou passer à la douche.

> Soins de propreté corporelle.

### Art. 83

Les condamnés doivent être rasés deux fois par semaine ; les cheveux leur sont coupés tous les mois.

> Barbe et cheveux.

### Art. 84

Les heures du lever et du coucher sont fixées par le règlement particulier de l'établissement sur la proposition du Directeur.

Aussitôt le signal donné, les détenus se lèvent, s'habillent, plient leurs fournitures de literie, balaient leur cellule, essuient leurs table, étagère etc.. et prennent leurs soins de propreté personnelle.

Le soir, dès le signal donné, les détenus font leur lit et se déshabillent. Un quart d'heure après, ils doivent être couchés.

> Lever et coucher.

### Art. 85

Le coucher des détenus comprend : une couchette en fer, une paillasse ou un matelas, un traversin de paille, une paire de draps, une couverture de coton en été et deux couvertures, dont une de laine, en hiver.

> Objets de literie.

Art. 86

Pistole.

Les prévenus et accusés, ainsi que les détenus pour dettes envers les particuliers retenus par application de l'article 455 du Code de commerce, peuvent seuls louer à l'entrepreneur les meubles, linges et effets de literie désignés sur un tarif de location dit *tarif de pistole*, arrêté par le Préfet, sur la proposition du Directeur.

Art. 87

Chauffage et éclairage.

Les conditions dans lesquelles le chauffage et l'éclairage sont assurés sont déterminées par le cahier des charges.

Les couloirs ainsi que les chemins de ronde sont éclairés toute la nuit ; il en est de même des dortoirs communs dans le quartier de désencombrement.

CHAPITRE V

**Travail.**

Art. 88

Travail.

Le travail est organisé dans les prisons de manière à ne laisser oisif aucun condamné, ni aucun mineur détenu par mesure de correction paternelle.

Du travail doit également être donné aux prévenus ou accusés, aux détenus politiques et aux détenus pour dettes qui en font la demande.

Les détenus peuvent continuer dans la prison l'exercice de leur métier ou profession, s'il se concilie avec l'hygiène, l'ordre, la sûreté et la discipline.

Si l'industrie qu'ils exerçaient est organisée dans la prison, ils y sont employés aux conditions fixées par le tarif. Dans le cas contraire, le salaire de ceux qui sont occupés par des maîtres-ouvriers du dehors est versé entre les mains de l'agent faisant fonctions de comptable ou de l'entrepreneur général des travaux, pour être réparti entre le pécule de l'ayant droit et le Trésor ou ledit entrepreneur, suivant le mode de gestion des services de l'établissement.

Les détenus dont le travail est fait pour leur propre compte sont tenus de payer une redevance équivalente à la somme dont le Trésor ou l'entreprise aurait profité s'ils avaient été employés à des travaux dans la prison ; cette redevance est fixée par le Préfet sur l'avis de la Commission de surveillance et la proposition du Directeur, l'entrepreneur entendu.

Indépendamment de la garde des détenus, les surveillants doivent s'occuper de l'organisation et de la bonne marche du travail.

Art. 89

Autorisation des travaux.
Fixation des tarifs de main-d'œuvre.

Aucun genre de travail ne peut être adopté à titre définitif avant qu'il ait été préalablement autorisé par le Préfet, sur la demande de l'entrepreneur, l'avis du surveillant-chef et la proposition du Directeur.

Les tarifs définitifs de prix de main-d'œuvre sont fixés dans le mois qui suit l'introduction de l'industrie dans la prison. Ils peuvent être revisés, le cas échéant, sur la demande de l'administration.

Toutefois, lorsque l'effectif des détenus employés à une même industrie dépasse le chiffre de 20, l'administration peut exiger que ces tarifs soient préparés et arrêtés suivant les règlements en vigueur dans les maisons centrales.

Les tarifs des prix de main-d'œuvre doivent rester affichés dans les cellules ainsi que dans le quartier de désencombrement.

### ART. 90

La moitié des dixièmes revenant aux condamnés sur le produit de leur travail, dans les conditions fixés par le décret du 23 novembre 1893, et mise en réserve pour l'époque de leur libération.

Il ne peut être opéré de prélèvement sur le pécule réserve qu'avec l'autorisation écrite du Directeur, lequel, ne doit l'accorder que comme récompense ou en cas de nécessité dûment justifiée.

Le surveillant-chef peut quand le Directeur n'est pas sur les lieux, autoriser les détenus à envoyer des secours à leur famille sur le pécule disponible.

*Produit du travail des condamnés.*

### ART. 91

. Les prévenus et détenus pour dettes qui ont demandé à travailler sont assujettis aux mêmes règles que les condamnés pour l'organisation et la discipline du travail, mais aucune tâche ne leur est imposée.

*Produit du travail des prévenus, accusés et des détenus pour dettes.*

### ART. 92

Le surveillant-chef signale, chaque jour, dans son rapport au Directeur, le nombre des détenus en chômage (y compris ceux qui, n'étant pas astreints au travail, ont demandé à travailler).

A la fin du mois, le Directeur soumet au Préfet un état des journées de chômage dans chacune des prisons du département ainsi que des propositions en vue des amendes à prononcer et en vue également de pouvoir d'office, s'il y a lieu, au manque de travail, conformément aux dispositions du cahier des charges.

*Sanctions vis-à-vis de l'entrepreneur. Cas de chômage.*

### CHAPITRE VI

## Service de Santé. — Hygiène.

### ART. 93

Le service de santé dans les maisons cellulaires comprend la visite :

1° des détenus à leur arrivée à la prison ;

2° des détenus portés comme malade ou indisposés ;

3° des détenus en cellule de punition ;

*Organisation du service de santé.*

4° des détenus réclamant pour raisons de santé l'exemption ou le changement de travail.

5° des détenus à tranférer. Le médecin signale au surveillant-chef ceux pour lesquels il doit être sursis au transfèrement . En outre le médecin doit passer une fois par semaine dans toutes les cellules occupées. Il doit signaler par écrit ceux des détenus condamnés à plus d'un an qui lui paraîtraient ne pas pouvoir supporter le régime de l'emprisonnement individuel.

Enfin il doit, au moins une fois par mois, visiter les autres locaux de la prison.

ART. 94

Médecin chargé du service.

Le médecin de la prison est nommé par le Ministre, sur la proposition du Préfet. Le choix du Ministre ne peut porter sur un médecin remplissant les fonctions de Maire ou d'Adjoint dans la ville où est située la prison, ou de membre de la Commission de surveillance.

En cas d'absence ou d'empêchement, le médecin titulaire est remplacé temporairement par un médecin agréé par le Préfet ou le Sous-Préfet.

ART. 95

Visites du médecin.

En dehors des visites périodiques, qui, au moins dans les prisons importantes, doivent être quotidiennes, le médecin se rend à la prison toutes les fois qu'il y est appelé par le surveillant-chef.

ART. 96

Écritures et prescriptions médicales.

Les prescriptions du médecin signées par lui doivent toujours être inscrites sur le registre réglementaire.

Le détenu n'est désigné que par ses numéros d'écrou et de cellule sur les cahiers de prescriptions et sur le registre des avis du médecin.

ART. 97

Infirmerie. Transfèrements à l'hôpital.

Sauf le cas d'affections épidémiques ou contagieuses, les détenus malades sont soignés dans leur cellule ou dans les cellules d'infirmerie; au cas seulement où ils ne pourraient recevoir à la prison les soins nécessaires, ils sont envoyés à l'hôpital. Ces envois sont mentionnés par le médecin sur le registre des prescriptions médicales, avec indication précise de la maladie qui a motivé le transfèrement.

Le transfèrement à l'hôpital ne peut avoir lieu que du consentement, savoir s'il s'agit d'un prévenu ou d'un accusé, suivant les cas, du Procureur de la République, du Juge d'instruction, du Président des assises, ou du Président du tribunal et s'il s'agit d'un condamné, d'un détenu pour dettes, ou d'un mineur détenu par mesure de correction paternelle, du Préfet ou du Sous-Préfet.

ART. 98

Infirmerie.

Le médecin est consulté au sujet des détenus proposés pour remplir l'emploi d'infirmiers.

### Art. 99

Le coucher des malades comprend une couchette, une paillasse, un matelas, un traversin, un oreiller de plume avec sa taie, une paire de draps et deux couvertures. La paille des paillasses est renouvelée aussi souvent que le médecin le jugera nécessaire, mais, en tout cas, après chaque décès.

La literie d'un détenu atteint d'une maladie contagieuse ou infectieuse est désinfectée. La paille de la paillasse est brulée et l'enveloppe lessivée.

*Coucher des malades.*

### Art. 100

A chaque lit de malade sont joints une table de nuit, une descente de lit, une chaise de paille et en outre les menus objets mobiliers que comporte le soin des malades, tels que planchettes d'infirmerie, pots à tisane, verre à boire.

*Mobilier de l'infirmerie*

### Art. 101

La nourriture des détenus malades est fournie sur les prescriptions du médecin, et conformément aux dispositions du cahier des charges dans les prisons soumises au régime de l'entreprise.

*Nourriture des malades*

### Art. 102

Indépendamment du vêtement ordinaire, il doit être fourni à chaque malade une capote en droguet, deux paires de chaussettes de laine et une paire de chaussons.

*Vêtements des malades.*

### Art. 103

Le médecin qui, à l'occasion de sa visite à la prison, constate des causes d'insalubrité, doit les signaler sur le registre réglementaire, et donner son avis sur les moyens d'y remédier.

Ces observations doivent être portées par le surveillant-chef à la connaissance du Directeur.

*Inspection des locaux par le médecin.*

### Art. 104

Toutes mesures nécessaires en vue de prévenir et de combattre les affections épidémiques ou contagieuses doivent être prises par l'administration, d'accord avec le médecin de la prison.

Les vêtements, ayant servi à un détenu décédé ou atteint de maladie contagieuse ainsi que la cellule qu'il occupait, doivent être désinfectés.

*Mesures destinées à prévenir les affections épidémiques ou contagieuses.*

### Art. 105

A la fin de chaque année, le médecin fait un rapport d'ensemble sur l'état sanitaire de la population ainsi que sur les causes et les caractères des maladies qui ont atteint les détenus.

Ce rapport est adressé au Directeur qui le transmet au Préfet avec ses observations; il est ensuite adressé au Ministre par le Préfet.

*Rapport annuel du médecin.*

# CHAPITRE VII

## Enseignement. — Culte.

### ART. 106

Enscignement

Un service d'enseignement primaire est organisé dans toutes les maisons de concentration ; il peut l'être également dans les autres prisons départementales.

Ce service est confié soit à un instituteur appartenant au cadre de l'administration, soit à un instituteur de la localité, soit à toute personne agréée appartenant à la Commission de surveillance ou à une Société de patronage.

Les détenus âgés de moins de 40 ans ayant à subir une peine de 3 mois au moins qui sont illettrés, et ceux qui ne savent que lire ou imparfaitement écrire sont astreints à recevoir cet enseignement.

A défaut de local disposé pour l'enseignement simultané avec séparation individuelle, les leçons peuvent être données dans les cellules; dans tous les cas, l'instituteur ou l'institutrice se rend, s'il est nécessaire, auprès des détenus pour leur donner des explications particulières et s'assurer de leurs progrès.

Dans les prisons où il existe une école cellulaire, une partie du temps de la classe est consacrée à une lecture à haute voix faite par l'instituteur ou l'institutrice et accompagnée d'explications, s'il y a lieu.

Les condamnés non admis à recevoir l'enseignement primaire ainsi que les prévenus et accusés qui en font la demande sont conduits, deux fois par semaine au moins, à l'école cellulaire où une lecture à haute voix sur un sujet de morale leur est faite.

Des lectures et conférences morales ou instructives peuvent être faites soit par des membres de l'administration soit par d'autres personnes autorisées par le Préfet. Les sujets que ces derniers se proposent de traiter doivent être préalablement soumis au Préfet ou au Sous-Préfet ou au Directeur de la Circonscription pour la prison de sa résidence.

L'assistance aux lectures et conférences est obligatoire pour les condamnés; si toutefois elles ont un caractère confessionnel, l'assistance n'est obligatoire que pour ceux qui ont demandé à suivre l'exercice du culte auquel se rapporte la conférence.

### ART. 107

Bibliothèque.

Des livres de la bibliothèque de la prison sont mis à la disposition des détenus.

Les condamnés peuvent faire usage des livres, le dimanche et les jours de fête ; lorsqu'ils ont en semaine fait les devoirs donnés par l'instituteur et après la journée de travail, ils ont la faculté de consacrer à la lecture le reste du temps. Il n'est pas fixé de limite à cet égard à ceux qui se trouveraient momentanément sans travail non plus qu'aux prévenus ou accusés.

Il est interdit aux détenus de faire usage des livres pendant les repas.

### ART. 108

Le service religieux est assuré par les ministres des cultes auxquels appartiennent les détenus. Ces aumôniers sont nommés par le Ministre sur la proposition du Préfét. Ils ne peuvent pas faire partie de la Commission de surveillance.

Les ministres des cultes doivent se rendre auprès des détenus valides ou malades qui en font la demande.

Seuls le personnel et les détenus peuvent assister aux services religieux de la prison.

*Exercices des différents cultes*

### ART. 109

Chacun des détenus doit, à son arrivée, faire connaître s'il désire ou non assister aux offices religieux de son culte.

Au commencement de chaque trimestre, tous les détenus sont à nouveau invités à déclarer s'ils veulent ou non continuer à suivre ou à ne pas suivre les exercices du culte.

*Assistance aux offices religieux.*

### ART. 110

En vue d'éviter que des détenus puissent être vus par d'autres, les servants du culte ne doivent pas être choisis dans la population pénale. Ils doivent être proposés par le Ministre du culte et agréés par le Préfet ou le Sous-Préfet. Il leur est alloué une indemnité.

*Servants du culte.*

## CHAPITRE VIII

### Commission de surveillance.

### ART. 111

La Commission de surveillance instituée auprès de l'établissement conformément aux règlements en vigueur, doit se rendre compte de la propreté de la prison, de sa salubrité et de sa sécurité, de l'état du vestiaire, du régime alimentaire, du service de santé, du travail des détenus, de la tenue des registres d'écrou, de l'observation des règlements, de la discipline, de l'instruction et de la réforme morale des détenus.

Elle peut se faire communiquer par le surveillant-chef le cahier des charges de l'entreprise générale des services et s'assurer des conditions de son application, notamment en ce qui concerne le blanchiment des locaux, le vestiaire, le régime alimentaire, le travail des détenus etc...

Elle ne peut en aucun cas faire acte d'autorité.

*Attributions de la Commission de surveillance.*

ART. 112



La Commission de surveillance doit se réunir, au moins une fois par mois, dans la prison, sans préjudice des visites qui sont faites régulièrement aux détenus et de l'inspection fréquente des locaux par un ou plusieurs de ses membres délégués à cet effet.

ART. 113



Les observations de la Commission sont consignées sur un registre qui est déposé à la Préfecture ou à la Sous-Préfecture.

La Commission communique au Préfet et au Directeur et, si elle le juge utile, directement au Ministre, les observations ou critiques qu'elle croit devoir formuler, en vue de faire cesser des abus ou d'améliorer les services.

CHAPITRE IX

**Patronage.**

ART. 114



Toutes facilités sont données par le Directeur ou le surveillant-chef aux membres des Comités de patronage agréés par le Préfet ou le sous-Préfet, pour les visites des détenus; ces visites ne doivent cependant pas avoir lieu avant l'heure du lever ni après celle du coucher, ni pendant les repas, la promenade au préau, la durée de la classe et des exercices religieux.

Au cas où le surveillant-chef aurait la preuve qu'un membre des Comités de patronage se ferait l'intermédiaire des détenus pour leur remettre ou leur transmettre leur correspondance, ou sortirait de ses attributions, il devrait immédiatement en informer le Préfet ou le Sous-Préfet en vue, s'il y a lieu, du retrait d'autorisation d'entrée à la prison.

CHAPITRE X

**Dispositions spéciales.**

ART. 115



Par addition aux dispositions générales contenues dans le présent règlement, un arrêté du Préfet rendu après avis de la Commission de surveillance, sur la proposition du Directeur de la Circonscription, détermine les mesures d'ordre intérieur et de police locale, (notamment en cas d'incendie) et les détails de service qu'il est utile de prescrire dans chaque prison (heures du lever, du coucher, des repas, des promenades, et autres mouvements généraux de la

population pénitentiaire, nombre des visites devant être faites chaque
semaine aux détenus par le personnel de la prison, jours et
heures des visites aux détenus par les familles etc....)

## ART. 116

Un extrait des articles du présent règlement reste constamment affiché dans chaque cellule ainsi que dans le quartier de désencombrement.

Un extrait des dispositions du règlement particulier visé par l'article précédent doit également être affiché dans les cellules et dans
le quartier de désencombrement.

Il est donné lecture aux détenus arrivants qui ne savent pas
lire, des dispositions essentielles de ces règlements et notamment
de celles relatives à la discipline.

*Affichage des extraits du règlement général et du règlement particulier.*

## ART. 117

Le présent règlement est applicable à toutes les maisons d'arrêt,
de justice et de correction où les détenus sont soumis au régime de
l'emprisonnement individuel.

Les attributions conférées au Préfet par le présent règlement sont
exercées à Paris par le Préfet de Police.

*Exécution du règlement général*

## ART. 118

Le Garde des Sceaux, Ministre de la Justice, est chargé de l'exécution du présent décret qui sera publié au *Journal officiel* et
inséré au *Bulletin des lois*.

Paris le 19 janvier 1923.

*Le Président de la République,*

A. MILLERAND.

Par le Président de la République:

*Le Garde des Sceaux,*

*Ministre de la Justice,*

MAURICE COLRAT.

www.ingramcontent.com/pod-product-compliance
Lightning Source LLC
LaVergne TN
LVHW010445060726
842527LV00005B/1699